경중미인도

경중미인도

김남혜 시조집

月刊文學 출판부

| 시인의 말 |

첫 번째 시조집 출간에 즈음하여

 별로 하는 일 없이 보여도 항상 분주하게 살아가는 나는, 시도 배우고 수필도 써 보았다.
 나름대로 문학의 생활권에서 활개치며 살아간다고 자부하고 있을 때,
 내 곁에 우아하고 함축미 넘치는 시조가 고풍스럽게 다가오고 있었다.
 고풍스러운 우리 엄마처럼, 멋쟁이 한량이신 우리 아버지처럼…

 욕심 많은 나는 시조 학원에 다니면서 정형 시조를 배웠지만 시조에 몰입하기까지에는 많은 시간이 걸렸다.
 쓰고 지우고 습작 같은 나의 시조는 버린 것이 더 많았고 시조를 쓴다는 게 시가 되고 내 넋두리가 되어 버렸다.
 우선 생활에서부터 시조 풍에 가깝도록 옷맵시 말씨조차 시조화 시켰고 하다못해 웃음까지도 고색 풍의 웃음으로 나를

시조에 대입시켰다.

   그리고 나서야 생각해 보니 현대도 고풍도 아닌 얼간이가 되었지만 마음은 항상 유유자적하며 시조 주변을 맴돌았다.

   어느 때부터인가 김남혜가 달라졌다는 칭찬 반 야유 반 흘러나올 때,

   나는 자신감이 생겼다.

   놀부는 흥부가 제비 다리를 치료한 후 부자가 되었다 해서 그 후로는 날짐승은 제비, 짐승은 족제비만 위하고 먹는 것은 수제비만 먹었다던가…

   나는 내 주변에 생활 속에서 숨겨진 사실들을 시조로 써 놓으니 이번에는 김남혜는 천사(?)처럼 혜성처럼 떠오르기 시작하였고 얼굴 화장이며 옷맵시도 고풍스러움에 스스로 미소 짓고 있었다.

   그 후 이렇게 어렵사리 적어 놓은 글을 모아 습작을 한데 묶

어서 책으로 묶어 내려니,

  여러모로 부족한 제가 옛날에는 상상도 못한 시조집을 출간한다니 기쁨에 앞서 두려움이 앞서고 주변에서는 "네가 웬 시조집을" 하며 비아냥도 있었지만 한번 마음먹은 일, 출간을 서두르며 바짝 고삐를 조이고 있다.

  모아 놓은 원고들을 효봉 이광녕 박사님께 드리며 작품해설을 부탁드렸다.

  바쁘신 와중에도 불구하고 글도 아닌(?) 내용들을 아름다운 서평을 달아 성장한 한 편의 시조들로 탈바꿈하여 보내주셨을 때 그 서평을 받아 든 나는 반가움과 즐거움에 눈물을 하염없이 흘리고 있었다.

  글도 아니라고 생각한 졸작들을 잘 다듬어서 본래의 제 작품보다 더 훌륭하게 서평을 달아 주신 교수님의 높으신 뜻을 받들어 앞으로 보다 더 멋진 시조를 써서 사회적으로 냉대를 받는 시조 창작에 온몸과 마음 다 바쳐 매진할 것을 다짐했다.

옛말에 "12가지 재주 가진 놈이 끼니가 간데 없다"는 속어처럼 내 주변에 잡다한 이력과 취미 사업적인 측면도 엄선하여 관리하며 살아갈 것을 다짐하며, 그 많은 업무와 취미생활도 시조를 쓰기 위한 자료로 활용할 것을 말씀드리며, 방대한 업무보다 값지고 알찬 보람을 느낄 수 있는 생활전선을 정리하여 일거수일투족을 시조화 하도록 노력하겠다.

앞으로 더욱 정진해서 명실공히 시조시인다운 시인이 되어 더 좋은 글, 고풍스러운 우리의 글, 시조 창작의 아리따운 길을 눈길처럼 아름답게 걸어가겠다.

모두에게 감사드린다.

2025년 11월
찔레꽃은 울 엄마 꽃 막내딸
善雅 김남혜

차례

시인의 말　004

그대 가슴에 장미꽃을　014
장희빈 사랑은 늘 모자라　015
꿈속에 나를 본다　016
통일을 위하여　017
오이도 그 바닷길　018
대청호　019
골목길　020
울타리에 기대서서　021
눈길을 거닐며　022
낙조　023
그 사람 떠났지만　024
강화 여행　025
동해의 향기　026
태풍 전야　027
빈 골목길　028
불효녀　029
이별의 섭리　030

불여귀(不如歸)의 노래　031
인수봉에 올라서서　032
꿈　033
진실한 사랑 앞에　034
영원한 사랑　035
무지개 뜨는 날　036
해돋이　037
한라산 등반　038
사랑한다 말할 걸　039
지리산 오도재에서　040
여행길　041
인생은 꽃동산　042
어머니처럼　043
찔레꽃은 울 엄마 꽃　044
달궁 선녀로 살아가기　046
내 사랑의 귀로　047
맵시녀로 살아가기　048

우리가 사랑했던 그날　049
경중미인도(鏡中美人圖)　050
울 아버지는 멋쟁이　051
연모(戀慕)　052
흰 구름 머무는 곳　053
오월의 향기　054
앰블란스는 나의 운명　055
붉은 장미 한 송이　056
세계 속 우리 글 훈민정음　057
작은 모습　058
어느 사랑의 귀로　059
호수에 비친 달을 보며　060
죽녹원 대밭길에서　061
사랑 안고 가는 길에　062
어둠 속에 빛 한 자락　063
멋있는 광안대교　064
지리산 뱀사골　065

석 잔 술 마셔보니 066
다시 닫힌 금강산 길 067
유달산 068
동백꽃 069
다산(多産) 한글 070
망나니 같은 우리 애인 071
낙화 향기 한 아름 072
넝마로 살아가기 074

| 작품해설 |

사랑, 그 끈끈하고 진솔한 순수서정의 미학 · 이광녕 076

경중미인도
鏡中美人圖

〈2024년 『문예춘추』 문학大賞 김소월문학상〉
보령 숲길공원 시조 시비건립

그대 가슴에 장미꽃을

화빈궁 나인으로 정조 임금 출행 도와
몇 번인가 만나더니 어느 새 정들었나
담장 밖 의빈 처소엔 초승달이 웃고 있네.

출신도 미천하고 가풍도 미천해도
너만을 사랑한단 그 말씀에 눈물겨워
두 번을 사양하더니 장미 한 송이 받았다네.

다섯 살 귀염둥이 홍역으로 세상 뜨니
세상만사 의욕 잃고 칩거하며 자리보전
가버린 세자 따라서 사랑 줄을 놔 버렸네.

장희빈 사랑은 늘 모자라

승은(承恩)을 입기 위해 내 던진 몸과 마음
한 손에 음식 들고 한 손엔 영광 잡고
두 가지 행복에 묻혀 날 새는 줄 몰랐다네.

내 사랑 님의 정도 변하는 게 세상 이치
끝없는 욕망 속에 피비린내 드리우니
세자도 화관조차도 발길 아래 짓밟혔네.

역관의 딸로 나서 희빈 거쳐 중전마마
임금을 등에 업고 보낸 시절 화려해도
엊그제 붉은 꽃잎이 바람 타니 초개 같네.

꿈속에 나를 본다

해 저문 호숫가에 나 홀로 걸터앉아
노을 같은 추억들을 살며시 꺼내보니
아픈 서러움인가 가슴속을 휘젓는다.

슬픔을 지우려고 망각 속에 처박고서
다가올 밝은 꿈을 하나둘씩 꼽아보니
꿈같은 환희의 날들 나를 향해 다가오네.

통일을 위하여

동해에 밝은 태양 백두대간 떠오르면
풋풋한 넓은 강산 황금빛에 반짝이니
우렁찬 기적소리는 삼천리로 퍼져가네.

불철주야 가꾼 터전 아름답고 신비로워
한반도의 태극 깃발 오대양 육대주로
무역선 뱃고동 소리 아리랑도 춤을 춘다.

오이도 그 바닷길

오이도 갈매기가 오늘따라 그립구나
썰물 때 모여드는 하늘 백조 벗을 삼아
그대와 속삭이던 곳 빨간 등대 그립네.

파도가 춤을 추고 해조음이 날 부르네
오이도 해변길엔 그대 미소 가득하니
오늘도 갯바람 따라 그 바닷길 달려간다.

대청호
── 청남대

사직 이은 존엄 동상 어찌하여 말이 없나
청록빛 강가에는 태평가로 가득한데
호반에 흘러간 세월은 핏빛 섞여 어른대네.

청산에 쌓인 낙엽 때 지났다 밟지 말고
떠도는 구름조차 고향을 묻지 마라
대 물려 흘러온 세월 갈고 닦아 더 곱구나.

골목길

골목은 어두워도 골목길엔 빛도 있네
로마는 큰길이고 인생길은 작디작아
오늘 밤 골목길로 간다. 이승의 길 꿈의 길로.

울타리에 기대서서

우물가 텃밭 길은 풀꽃 향기 가득한데
내 가슴 피는 꽃은 어느 때나 향기 날까
여운을 남긴 노을빛 향기처럼 그리워라.

눈길을 거닐며

세상을 덮을 듯이 풀풀 대며 눈이 오니
빨간 구두 바꿔 신고 눈길을 걸었다네
눈 위에 빨간 발자국 뒷사람의 이정표.

낙조

얼룩진 하루 일과 툴툴 털며 보내려니
노을은 부끄러워 산 그늘로 잦아들고
가슴엔 얼룩진 상처 갈 곳 몰라 맴을 도네.

그 사람 떠났지만

청계천 거닐면서 꽃 추억을 쌓았는데
그 사람 떠나가니 슬픔만 남았구나
이제는 아픈 상처가 발길마다 따라오네.

잉어와 피라미가 춤을 추던 그날 그때
우수가 다가오니 새봄 소리 들리는데
세월은 무심하게도 상춘객만 불러대네.

강화 여행

강화도 여행 중에 뱃전에 기대서니
갈매기 밥 달라며 손짓하며 따라 오네
맘 비운 탐방 여정도 배부른 자 발길일까.

보문사 독경소리 나 자신을 꾸짖는 듯
갑자기 쏟아지는 소낙비는 날 때리니
화문석 꽃돗자리도 가시방석 아니던가.

동해의 향기

동트는 이른 새벽 동해가 벅찬 순간
나보다 훨씬 일찍 눈을 떠 웃음 짓는
화들짝 피는 나팔꽃 중증 장애 새싹들.

오늘은 무슨 행복 희망을 안겨줄까
들국화 할머니들 빗자루 할아버지
동해야 하고 부르면 새 지평이 열린다.

태풍 전야

인왕산 그늘 속에 슬픈 추억 숨어있고
술 취한 바람 속엔 딱한 사연 숨었으니
세상사 모든 풍파가 태풍 뒤에 감춰있네.

빈 골목길

보름달 걸려있는
동구 밖 삼거리를

고무줄 자치기에
추억 따라 걸어 본다

그리워 뒤돌아보니
주름골만 따라온다.

불효녀

소나기 쏟아지니 청개구리 슬피 운다
모래 속 묻어놓은 엄마가 걱정되어
비 오는 개울 둑에서 목을 놓아 울고 있다.

이별의 섭리

헤어지지 않고서는
우리는 못 만나고

진실로 안 죽으면
다시 살 수 없었다네

인생이 정말 그렇다.
축복 또한 그렇다.

불여귀(不如歸)의 노래

깊은 밤 적막 속에 잦아드는 고즈넉함
고요가 불러주는 애잔한 여름밤이
내 생애 반짝 빛나던 황금 요람 이었다네.

고요가 깊을수록 시리도록 아픈 것은
이토록 사무친 밤 잊을 수가 없는 것은
걸어온 뒤안길로는 다시 갈 수 없음이야.

인수봉에 올라서서

북한산 인수봉에 암벽등반 하던 시절
서울의 최고 명승 백운봉을 바라보며
줄 타고 올라갔을 때 수 만감이 교차했네.

한여름 뜻밖에도 소나기 퍼부을 때
정상 옆 작은 동굴 몸 가누며 생각하니
인생사 일거수 일투족 하늘 뜻에 달렸더라.

꿈

살면서 동상이몽 너 나 따로 신비롭고
사는 게 꿈속 같아 황홀하기 그지없어
맑은 삶 이어가면서 꿈결 속에 살련다.

진실한 사랑 앞에

사랑의 진실 앞에 내 인생을 걸어놓고
내 설 자리 다져놓고 그대 사랑 아끼면서
사랑탑 높은 곳 향해 오늘 하루 달리련다.

참사랑 그대 앞에 작아지는 나를 보며
언제나 당신만을 믿고 지낸 많은 날을
이제는 두 손 맞잡고 밝은 내일을 밝히리.

영원한 사랑

내 임의 사랑받고 꿈을 충족 하였는데
언제나 나만 위한 졸렬했던 나의 모습
사랑을 주는 것이란 성현 말을 떠올린다.

당신만을 사랑하며 나의 인생 꾸며 가니
실타래로 풀리듯이 세상사 술술 풀려
오호라 사랑 앞에는 거칠 것이 없구나.

마음속 품은 꿈이 놀랍도록 이뤄지니
이것이 꿈과 같아 믿을 수가 없는 현실
세상에 복 많은 사랑 우리 금슬 으뜸이네.

무지개 뜨는 날

초록의 판도라가 열리는 화창한 날
생각지 굵어지고 녹음방초 시작하면
잎 뒤에 숨어 지내던 꽃망울이 터진다.

여전히 사람들은 마스크 족 자가 격리
희뿌연 세상 먼지 일상은 인면수심
언제나 꽃무지개 떠 파릇파릇 합창할까.

해돋이

정동진 해돋이는 나의 생명 요람이다
이 가슴 미어지는 붉은 태양 바라보며
세상에 처음 만나는 쟁반 위의 꽃이다.

설레는 가슴속에 뿌듯함을 가득 담아
추억이 서려 있는 고운 기억 끌어안고
황금빛 사연 그리며 해돋이로 살련다.

한라산 등반

눈 쌓인 한라산을 허위단심 등산할 때
순백의 눈꽃 산행 손짓하며 반겨주는
어리목 영실코스를 오를 때가 그립네.

성판악 오르는 길 지루함에 휘청일 때
눈 쌓인 정상봉이 손짓하여 올라 보니
백록담 놀라운 장관 예가 바로 천상일세.

사랑한다 말할 걸

노을이 짙게 물든 머리 푼 갈대숲이
바람에 흩날리며 머리 풀어 산발하고
날 떠나 어디를 가나 휘적휘적 걸어간다.

가기 전 찻집에서 두 손을 꼬옥 잡고
겸연쩍은 척하면서 사랑한다 말할 것을
머물던 그때 그 자리 아쉬움만 맴을 도네.

지리산 오도재에서

미련에 휘날리는 단풍 한 잎 잡지 말고
찾아온 겨울 철새 온 곳도 묻지 마라
머물다 떠나는 인생 다시 보기 섦구나.

여행길

머나먼 길을 떠나 큰 짐 벗고 나선 그날
시간 속 삶의 하루 정신조차 맑아온다
해지자 삶의 하루가 주마간산 떠 있네.

인생은 꽃동산

우람한 백두대간 등줄기 타고 넘어
울산바위 올라서서 동쪽을 바라보니
하늘과 바다 사이엔 꽃구름만 흘러가네.

어머니처럼

어릴 적 엄마 모습 지켜보며 살았는데
그것이 내 인생에 길잡이가 되는 줄은
세월이 흐른 뒤에야 알고 보니 후회되네.

어제가 옛날인데 내일은 나도 몰라
새로운 삶의 역사 만들려는 인내심에
오늘도 올곧은 마음 그 길로만 가련다.

찔레꽃은 울 엄마 꽃

비취색 비녀 꽂고 녹의홍상(綠衣紅裳) 차려입고
꽃향기 아리아리 코끝을 문지르며
곱다고 어루만지던 울 엄마는 어디 갔나.

연한 순 꺾어 주던 양지 짝 추억이여
꽃잎은 바람결에 지는 듯 날리더니
엄니도 나비 따라서 하늘나라 오르셨네.

계절이 뿜어놓은 아지랑이 아롱아롱
화사한 봄날 속에 가슴 시린 막내딸은
찔레꽃 한 아름 따다 그 향기를 띄웁니다.

달궁 선녀로 살아가기

월궁에 항아님들 호수에 내려오니
하늘에 둥근달이 물 위에도 둥실둥실
엄니는 오늘 밤에도 달빛 정기 받고 있네.

가만히 내뿜었다 들여 마신 보름 달빛
신비한 그 정기를 가슴에 품어보면
활처럼 부푼 가슴은 새로운 꿈 잉태하네.

지성이면 감천이라 간절히 갈구하면
그 소원 푸르른 꿈 저 하늘은 응답하니
달 정기 가슴에 안은 엄마 꿈은 정겨워라.

내 사랑의 귀로

움트는 그리움에 가슴은 콩닥콩닥
까무러진 애모의 정 아직도 벙벙한데
꿈속에 떠오르는 사람 누구신가 그대는

화산 속 불꽃처럼 타오르는 날 버리고
떠난 임 찾아가는 망망대해 끝머리엔
한 마리 불나비 되어 내 영혼이 돌고 도네.

사방을 휘휘 둘러 임 자취 찾아봐도
간 곳도 알 수 없고 향기조차 빛바래니
사랑은 맘속에 묻고 나 혼자서 길을 가네.

맵시녀로 살아가기

녹의홍상 걸쳐 입고 비취 옥잠 꽂고 나니
모본단 치맛자락 피어난 함박꽃엔
어디서 날아들었나 나비 떼가 모여드네.

분망한 발길 위엔 근심도 부서지고
양 떼 찾는 발걸음은 풍선처럼 가벼운데
내 직분 다할 때까지 천사처럼 살아가리.

배시시 피는 웃음 감추려 애를 써도
미소는 힘든 세상 부드럽게 다독이니
나는야 멋에 살리라 맵시 나는 옷 입고서.

우리가 사랑했던 그날

멋지게 살아가며 꿈과 같이 보낸 날들
돌이키니 그리워라 아름답던 순간이여
언젠가 그 옛날 추억 다시 한번 안아보나.

생사를 초월하며 아프게 살아온 날
다시금 생각하면 흐른 세월 허무해도
나의 삶 나의 사랑은 보람 있는 한때였네.

지나간 나날들은 내 삶의 중심이라
삶 속에 남은 상처 그 자국 아프지만
내 생애 최고의 날은 세월 속에 반짝이네.

경중미인도(鏡中美人圖)

외씨버선 어여머리 금비녀 비취잠에
흥겨운 가락 따라 어깨춤도 으쓱으쓱
우아한 한삼 춤사위 고전 춤의 멋일레라.

넝마를 입었어도 기품이 돋아나는
그 미모 어디선가 본듯하여 생각하니
저기 저 거울 속 미인 엄마 모습 내 모습.

울 엄니 고풍의상 거울 속에 돋보이니
옷맵시 탐내는 딸 질투심 절로 나도
엄마가 곧 나이기에 사랑으로 꼭 감쌌네.

울 아버지는 멋쟁이

진 밤색 중절모에 쥐 색깔 두루마기
고풍 띤 민요 가락 어린 나도 덩실덩실
내 맘에 쏙 드는 남자 아빠밖엔 없었다네.

아빠는 엄마 사랑 엄마는 아빠 사랑
막내딸 존재감이 사라지는 어느 날엔
미친 듯 통곡하는 나 병원으로 실려 갔네.

아버지 떠나가니 뒤웅박 신세라네
내 처지 불쌍해라 기댈 곳도 없는 이 몸
떠나신 아버지 모습 애인인 양 보고 싶다.

연모(戀慕)

고목에 꽃이 피니 사랑 꽃이 아니던가
꽃다발 한 아름에 달려온단 정든 약속
못 잊을 내 임의 사랑 돌비에다 새겨놨네.

오늘도 임 그리워 돌조각 품어 안고
그대 이름 불러 보며 눈물 한 줌 흘리려니
돌 속에 숨었던 사랑 이내 맘을 감싸 안네.

흰 구름 머무는 곳

뻐꾸기 숨어 우는
법주사 가는 길 가

보랏빛 도라지꽃
수줍게 웃고 있네

문장대 높은 산마루
흰 구름도 쉬어가네.

오월의 향기

상큼한 푸른 오월 풀잎 더욱 푸르르고
무성한 나뭇가지 산새들이 모여 앉아
해맑은 새 울음소리 조롱조롱 매단다.

푸른 벌 풀꽃향기 바람결에 흩날리니
일렁이는 갈피마다 풋풋함이 물결치니
하늘에 빛나는 태양 푸른 꿈들 익어간다.

앰블란스는 나의 운명

어쩌면 운명같이 친숙해진 앰브란스
무시로 들려오는 '장애우 도와주라'
내리신 하늘의 명령 내 마음을 뒤흔드네.

내 곁을 돌고 도는 웽웽대는 저 소리도
소외 인간 품어주는 정인의 손발 되어
언제나 가족으로 수족처럼 다독이네

길가에 버려진 돌 주워 모아 섬기면서
생각은 천진난만 그들만의 부모 되니
너와 나 함께 가는 길 사랑의 꽃 향기롭네.

붉은 장미 한 송이

사랑하는 임 계시면 유월 한낮 장미꽃을
머리 위로 받쳐 들고 말하지 않으셔도
그녀는 알고 있어요. 사랑하고 있다는 것을.

붉은 장미 한 송이는 사랑 색깔 드날리니
한 무릎 단정하게 향기를 전해주면
사랑은 말이 아니라 눈동자가 전한다오.

세계 속 우리 글 훈민정음

세계 속 우수 한글 2년 연속 우승하니
한글의 뛰어남을 세계가 인정한 셈
컴퓨터 한글과 궁합 우리 글이 최고일세.

미래를 지향하여 만들어진 우리 한글
시대를 앞서가는 반도체를 앞세워서
세계가 지향하는 꿈 과학의 꽃 피워보자.

작은 모습

이것이 사랑일까
왜 자꾸 그이에게

작아만 보이는가
따뜻한 그 눈빛은

언제나 변함없는데
내 마음은 늘 초조해.

어느 사랑의 귀로

움트는 그리움에 가슴은 콩닥콩닥
까무러친 애모의 정 아직도 벙벙한데
꿈속에 떠오르는 사람 누구세요 당신은.

화산 속 불꽃처럼 타오르는 날 버리고
떠난 임 찾아가는 망망대해 끝머리엔
한 마리 불나비 되어 내 영혼이 돌고 도네.

사방을 휘휘 둘러 임 자취 찾아봐도
간 곳도 알 수 없고 향기조차 빛바래니
사랑은 맘속에 묻고 나 혼자서 길을 가네.

호수에 비친 달을 보며

건청궁 달을 보며 기를 받던 명성황후
아들 점지 빌고 빌며 간절히 기도하니
정성껏 기도하던 모습 엄마처럼 소박하네.

정성이 지극하면 하늘도 들어주니
정화수 한 그릇에 기 받으러 난 간다네
보름달 정기 한 아름 치마폭에 받아오리.

하늘에 달항아리 호숫가에 또 하나가
두 손 모아 빌어보니 사랑을 갈구하니
가슴엔 달빛 정기가 물결처럼 안겨 오네.

죽녹원 대밭길에서

청량감 스쳐 가는 죽녹원 대밭길을
나 홀로 걸으면서 죽림욕 즐기러니
올곧은 대나무 닮은 내 사랑이 생각나네.

대밭의 멋진 절경 기분은 고조 되고
올 적에 비운 마음 채워서 가렸더니
주변에 보이는 것은 속이 텅 빈 열병식뿐.

널 닮은 죽마고우 대쪽 같던 우리 님도
지금은 모두 모두 날 버리고 떠났어도
죽록원 대밭길에서 나의 갈 길 바로잡네.

사랑 안고 가는 길에

서울 밖 후미진 곳 마을버스 타려는데
몇 분의 시간조차 안 지키는 기사님아
개울물 바삐 가는데 오는 차는 그 어디에.

갈 길은 멀고 먼데 차까지 애 먹이니
언제나 전철 옆에 내 삶을 펼치려나
달 없는 어두운 세상 가는 길도 멀고 머네.

삼천리 금수강산 아름답고 좋은 땅에
눈 오는 밤길 따라 사랑 안고 가는 발길
갈 길이 멀기는 해도 발걸음은 가벼워라.

어둠 속에 빛 한 자락

기나긴 세월 속에 가슴을 움츠리며
살아온 나날들은 아픔도 많았지만
티 없이 맑은 눈동자 어둠 속의 등대였네

아쉬운 쓴 소리도 밀려드는 동정심도
모두가 허구인가 색안경 속 그 세상사
속 썩은 욕심 덩어리 나락으로 처박았네

모두 다 내탓이오. 자책하며 걸어가는
잃은 양 찾아 헤맨 으스스한 언덕길엔
날 오라 부르는 소리 어둠 속에 빛 있었네.

멋있는 광안대교

광안리 해수욕장 광안대교 꽃이구나
해운대 지나가니 가슴까지 설레는데
부산의 명물 중에서 제일 예쁜 바닷가.

부산의 제일 명소 광안대교 지나가니
동해의 절경들이 눈앞에 펼쳐지니
대변항 아름다움이 눈시울을 붉히네.

지리산 뱀사골

화전민 떠나버린 무너진 너와집 담
산바람 들쥐들만 주인인 양 드나드는
지금도 뱀사골에는 깊은 사연 쌓여가네.

용오름 저녁연기 사라진 골짝에는
두텁게 내려앉아 웅크린 저녁 안개
궁노루 울음소리만 메아리쳐 돌아오네.

석 잔 술 마셔보니

질곡의 아픈 삶을 막걸리 한잔으로
씻으려 애를 써도 상처가 너무 아파
티끌 진 세상만사가 모두 모두 덧없어라.

아픔을 달래지만 치유는 잠깐일 뿐
한잔 한잔 마셔보니 취기가 아롱아롱
인생은 생각하기 나름 내 갈 길을 달래보네.

다시 닫힌 금강산 길

꿈에나 갈법했던 풍악산 구룡 폭포
하늘이 길을 열어 다행히 구경해도
또다시 가고 싶어도 다시 닫힌 온정리 길.

유달산

유달산 첫 봉우리 노령산맥 끝자락에
노적봉 올라서서 삼학도를 바라보니
떠 있는 작은 섬들이 옹기종기 정겨워라.

동백꽃

섬 처녀 미소처럼
겸연쩍게 웃는 동백

배시시 웃음 띤 채
툭 떨어져 데굴데굴

오동도 마을 길 위엔
붉은 웃음 가득하네.

다산(多産) 한글

한글을 입에 물고 까치가 날아간다
푸른 하늘 훨훨 날아 세계로 훠이훠이
저 멀리 터 잡으려고 고고지성(呱呱之聲) 우렁차다.

나날이 우량 아기 출산하고 있건마는
인구 절벽을 뛰어넘고 소통 장벽을 넘어서며
우리글 훈민정음이 지구촌을 주름잡네.

망나니 같은 우리 애인

1
가슴속 자리 잡은 철딱서니 없는 애인
언제나 숨겨놓고 아껴가며 사랑했네
꿈꾸는 내 삶의 반려자 그 사랑은 어디 갔나.

지금은 꿈으로만 오가며 살아가도
내 삶에 즐거움을 느끼게 한 그런 사람
사랑은 아름다워라. 동키호테 내 님이여.

2
가슴속 자리 잡은 철딱서니 없는 애인
언제나 숨겨놓고 아껴주며 사랑했네
꿈꾸는 내 삶의 반려자 그 사랑은 어디 갔나.

지금은 꿈으로만 오가며 살아가도
내 삶에 즐거움을 느끼게 한 그런 사람
사랑은 아름다워라. 동키호테 내 님이여.

낙화 향기 한 아름

1
호숫가 동쪽에는 모란이 활짝 웃고
산 울타리 한쪽에는 싸리꽃이 벙글벙글
따뜻한 새봄의 향기 집 안팎에 가득하네.

작약꽃엔 노랑나비 꽃창포엔 하얀 나비
산 너머 일 나가던 벌 나비 너도나도
신바람 축제 참석차 저 멀리서 날아드네.

외딴방 홀로 앉아 입씨름만 쪼아대는
내 신세 불쌍한지 지나가는 봄바람이
찔레꽃 낙화 한 아름 뿌려주고 달려가네.

2
호숫가 동쪽에는 모란이 활짝 웃고
산 울타리 한쪽에는 싸리꽃이 벙글벙글
따뜻한 새봄의 향기 집 안팎에 가득하네.

작약꽃엔 노랑나비 꽃창포엔 하얀 나비

산 너머 일 나가던 벌 나비 너도나도
신바람 축제 보려고 저 멀리서 날아드네.

외딴방 홀로 앉아 입씨름만 쪼아대는
내 신세 불쌍한지 지나가는 봄바람도
찔레꽃 낙화 한 아름 뿌려주고 돌아가네.

넝마로 살아가기

하루에 몇 번이고 불러대도 군말 없이
깨끗이 닦아주고 마음도 다독이는
늘 옆에 함께 있어도 천사인 줄 몰랐다네.

진창에 떨어져도 험로에 서 있어도
나 자신 내려놓고 남 위해 웃어주는
수건이 걸레 되어도 마음은 늘 부처라네.

몸과 맘 불편해도 너희들 끌어안고
네 시름 내가 안고 내 웃음 너 주리라
이 몸이 넝마라 한들 아우르며 살아가리.

| 해설 |

사랑, 그 끈끈하고 진솔한 순수 서정의 미학

| 작품해설 |

사랑, 그 끈끈하고 진솔한 순수 서정의 미학

이광녕
(문학박사 · 문예창작 지도교수)

 선아 김남혜 시인은 보기 드문 다재다능한 여류 작가이다. 필자는 일찍이 선아 김남혜 시인만큼 활동 영역이 광범위한 여인을 보지 못했다. 그녀의 활동 범위는 문단, 사회복지, 요양보호사, 조리사, 상담 교육, 경기민요 공연, 체육 활동, 시낭송, 웃음 치료, 레크레이션 등 매우 다양한 방면에 걸쳐 있다. 자격증 및 수료증만 해도 무려 175 종이라 하니, 보통 사람으로서는 감히 가늠할 수조차 없다. 어찌 이렇게 다방면에 걸쳐 활동하며 그 기능 자격을 획득할 수 있단 말인가? 그녀의 초인적인 재능과 노력 실적에 그저 어안이 벙벙할 따름이다.
 선아 시인은 이번에 첫 번째 시조집을 낸다. 자유시를 써오던 선아 시인은 필자에게서 수년 동안 수강을 하고 시조의 매력에 이끌리어 이번에 첫 시조집을 상재하는 것이다. 선아 시인은 이 시대가 낳은 보기 드문 '사랑 시인'이다. 시인은 사랑과 추억을 먹고 산다는데, 이 말은 바로 선아 시인을 두고 한 말 같다.

그녀 작품 세계의 큰 흐름은 전체적으로 사랑 체험의 사연과 그 정서적 애환이 중심축으로 관류하고 있다. 그녀의 사랑은 연모하는 이에 대한 연정을 비롯하여, 이웃에 대한 따뜻한 사랑, 그리고 더 나아가 현실 국면에 대한 거시적 사랑까지 널리 퍼져 있다. 심리상담학 박사인 선아 시인은 성품이 온유하고 봉사심이 강하며 어울림이 좋아서 어디 가든 환영을 받는다. 그녀는 중증장애인 복지시설을 운영하면서 여러 가지 업무로 동분서주 쫓기는 가운데에서도 시간을 할애하여 문예창작대학원에 나와 시조연수 받는 것을 게을리 하지 않는다.

이번 시조집에 실린 작품 전체를 다 대상으로 평설할 수는 없으나, 대표작을 선정하여 그녀의 작품세계를 살펴보고자 한다.

1. 이웃 사랑 실천의 거룩한 천사

선아 시인은 사랑의 시인이다. 그녀의 모든 글에서 사랑은 중심축으로 자리 잡고 있다. 우리네 인간은 이성 간의 사랑인 에로스(Eros) 사랑으로 태어나며, 혈족애의 사랑인 스토르게(Storge) 사랑 속에서 성장하고, 우정적 사랑인 필리아(Philia) 사랑에 의해 인격이 다듬어지고, 거룩하고 성스럽고 무조건적 사랑인 아가페(Agape)에 의해 인격이 더욱 완성된다고 볼 수 있다. 선아 시인은 이러한 네 가지 사랑의 유형을 다 체험한 작가이다. 흔히들 이성 간의 단편적인 달콤한 사랑 추억만을 글에다 옮겨 그 낭만적 매혹적인 순간만을 떠올려 묘사한 작가들이 많았지만, 사랑 체험을 골고루 한 선아 시인은 거룩한 사랑세계를 품에 안고 그녀의 활동 범위를 넓혀간 선녀 같은 작가이기에 더욱 잔잔한 감동을 선사해 준다.

> 어디로 떠돌다가 여기로 온 것인지
> 태어나고 자라던 곳 그 어딘지 모르지만
> 무의탁 천사들 보니 측은한 맘 솔솔 이네.
>
> 남루한 옷자락엔 악취조차 풀풀 나고
> 땟국물 젖은 얼굴 내 싫어 돌아서다
> 한 가족 형제자매라 생각하니 측은해라.
>
> 누나로 다가와서 엄마처럼 보듬으니
> 역겨운 마음들은 양 떼처럼 온순해져
> 자비에 젖은 손가락 찔레 향이 그윽하네.
> ―「천사처럼 살아가기」 전문

이 글은 무의탁 장애아들을 돌보면서 지은 글이다. 자신의 거취 하나만을 돌보기도 어려운 이 시대에 어찌 이렇게 무의탁 중증장애아까지 성심을 다해 헌신할 수 있단 말인가! 어디서 왔다가 어디로 가야할 지도 모르는 의할 곳 없는 무의탁 아이들, 이기주의가 팽배한 이 시대에 남루한 그들에게서 풍기는 악취와 불결한 모습을 마다하지 않고 측은히 여기며 받아들이는 일이 어찌 그리 쉬운 일이던가. 자비한 맘과 측은지심이 없으면 어려운 일이다. 선아 시인은 누나로 다가오기에 엄마처럼 보듬으니 역겨운 마음도 양떼처럼 온순해지고 자비에 젖은 손가락에도 찔레 향이 그윽하다고 술회하고 있다.

무의탁 아이들, 그들이 보기에는 선아 시인은 구원자요, 아름다운 천사였을 것이다. 시인의 천사와 같은 마음이 잘 드러난 글이다.

> 하루에 몇 번이고 불러대도 군말 없이
> 깨끗이 닦아주고 마음도 다독이는
> 늘 옆에 함께 있어도 천사인 줄 몰랐다네.
>
> 진창에 떨어져도 험로에 서 있어도
> 나 자신 내려놓고 남 위해 웃어주는
> 수건이 걸레 되어도 마음은 늘 부처라네.
>
> 몸과 맘 불편해도 너희들 끌어안고
> 네 시름 내가 안고 내 웃음 너 주리라
> 이 몸이 넝마라 한들 아우르며 살아가리.
> ―「넝마로 살아가기」 전문

이 글도 선아 시인의 헌신적 봉사정신이 잘 드러난 작품이다. '넝마'는 '낡고 해져서 헌 걸레조각이 된 것'을 말한다. 얼마나 정성을 다한 희생과 헌신이었기에 글의 제목도 '넝마로 살아가기'라고 하였을까? 돌볼 대상이 귀찮게 자꾸 불러대도 군말 없이 닦아주고 다독이고, 자신은 헌신 봉사하다 비록 진창에 떨어져 수건이 걸레 되어도 마음은 부처라 한다. 이 얼마나 지고하고 거룩한 사랑인가?

몸과 맘이 불편해도 '너희들을 끌어안고 네 시름 내가 안고 내 웃음 너 주리라' 하면서, 몸이 비록 넝마가 되어도 끝까지 함께 아우르며 살아가리라 하니, 그 천사와 같은 헌신과 자비 정신이 큰 감동을 불러일으키고 있어 독자들의 가슴을 친다.

2. 인연, 그 고리에 얽힌 곡진한 사랑과 이별

시인은 사랑과 추억을 먹고 산다. 사랑이란 인생을 살리는 묘약이기에 일찍이 아리스토텔레스는 "사랑이란 두 개의 몸을 가진, 하나의 영혼으로 구성되어 있다"고 하였다. 이러한 사랑에 대한 철학은 "사랑은 서로를 바라보는 것이 아니라, 같은 방향을 바라보는 것이다"라고 말한 생텍쥐페리의 사랑 철학과 상통한다.

선아 시인은 사랑에 울고 웃고, 거기에서 삶의 의미를 찾고 생명수를 마시며 살아온 작가이다. 그녀의 작품 전반에 걸쳐 골고루 드리워진 시적 정서는 주로 사랑이다. 그 사랑 심리의 전개 양상이 시공의 환경 변화에 따라 굴곡이 꽤 많은데, 이는 그만큼 시인이 사랑체험을 많이 했으며, 사랑 정서가 도타웠음을 시사하는 것이리라.

A
매화꽃 곱게 피니 벌 나비 날아들고
꽃 내음 바람 따라 휘저으며 노래하니
자연도 섭리에 따라 인연의 끈 쫓아가네.

뜨는 해 둥글지만 달은 항상 변화무쌍
겨울이 간다 해도 봄날은 다시 오듯
끈질긴 인연의 고리 붙잡으며 따라가네.
─「인연」 전문

B
노을이 짙게 물든 머리 푼 갈대숲이
바람에 흩날리며 머리 풀어 산발하고
날 떠나 어디를 가나 휘적휘적 걸어간다.

가기 전 찻집에서 두 손을 꼬옥 잡고
겸연쩍은 척하면서 사랑한다 말할 것을
머물던 그때 그 자리 아쉬움만 맴을 도네.
─「사랑한다 말할 걸」 전문

 윗글들은 사랑의 연결 고리가 된 인연과 사랑의 아쉬움을 드러낸 작품들이다. 글 A에서는 자연의 섭리가 그렇듯이 끈질긴 인연의 고리를 붙잡으며 삶을 영위하는 모습을 그려냈으며, B에서는 지난 날 마음껏 속내에 있는 사랑 감정을 표현하지 못한 아쉬운 심리를 표현해 내고 있다.

  인연의 끈이 없이 어찌 사랑이 성립될 수 있으리오. 인연의 끈으로 이어진 사랑을 인생 노을이 짙게 깔리도록 사랑한다 말을 하지 못하고 사랑의 진공 상태로 무심히 세월을 보냈다면 이 얼마나 후회스러울 것인가? 헤어지기 전 찻집에서 두 손을 꼬옥 잡고 겸연쩍은 척 사랑한다 말을 했으면 좋았을 것을, 아쉬운 마음을 진실하고 솔직하게 드러낸 순수한 시심이 오히려 눈길을 끄는 좋은 작품이다.

    C
    고목에 꽃이 피니 사랑꽃이 아니던가
    꽃다발 한 아름에 달려온단 정든 약속
    못 잊을 내 임의 사랑 돌비에다 새겨놨네.

    오늘도 임 그리워 돌조각 품어 안고
    그대 이름 불러 보며 눈물 한 줌 흘리려니
    돌 속에 숨었던 사랑 이내 맘을 감싸 안네.
                                   —「연모(戀慕)」 전문

    D
    가슴속 자리 잡은 철딱서니 없는 애인
    언제나 숨겨놓고 아껴가며 사랑했네

꿈꾸는 내 삶의 반려자 그 사랑은 어디 갔나.

지금은 꿈으로만 오가며 살아가도
내 삶에 즐거움을 느끼게 한 그런 사람
사랑은 아름다워라. 동키호테 내 님이여.
　　　　　　　　　　－「망나니 같은 우리 애인」 전문

　누구든지 진한 사랑, 애절한 사랑은 돌비석으로 새겨 놓고 싶을 것이다. 고목처럼 오래 묵은 사랑은 고목에 핀 꽃이 바로 '사랑꽃'일 터이다. 글 C「연모」에서는 못 잊을 사랑을 돌비석에 새겨 놓고, 그대 이름 부르며 그 돌조각이라도 품어 안고 눈물 흘리면 돌 속에 숨어 있던 사랑이 자신을 감싸 안을 것 같은 애절한 사랑 감정을 토로해 내고 있다.

　글 D에서는 한층 가까워진 모습으로, 가장 가까운 사람을 '망나니 같은 우리 애인'이라고 지칭하고 있다. 동키호테 같기도 하고 철딱서니 없기도 한 애인이지만, 꿈꾸는 반려자요 삶에 즐거움을 느끼게 했던 사람이기에 '사랑은 아름다워라' 하고 스스로 읊조리고 있으니 더욱 순박하고 진솔한 작가의 심리를 간파해 낼 수가 있다.

　선아 시인은 사랑에 울고 웃고 그것을 딛고 험한 세상을 헤쳐 나간 사랑시인이다. 그녀는 「우리가 사랑했던 그날」이란 글에서도 '돌이키니 그리워라 아름답던 순간이여, 생사를 초월하며 아프게 살아온 날, 다시금 생각하면 흐른 세월 허무해도, 나의 삶 나의 사랑은 보람 있는 한때였네'라고 술회하면서, 그날이 '내 생애 최고의 날'이라고 읊어 사랑의 소중함을 한껏 드러내었다.

    E
    움트는 그리움에 가슴은 콩닥콩닥
    까무러진 애모의 정 아직도 벙벙한데
    꿈속에 떠오르는 사람 누구신가 그대는

    화산 속 불꽃처럼 타오르는 날 버리고
    떠난 임 찾아가는 망망대해 끝머리엔
    한 마리 불나비 되어 내 영혼이 돌고 도네.

    사방을 휘휘 둘러 임 자취 찾아봐도
    간 곳도 알 수 없고 향기조차 빛바래니
    사랑은 맘속에 묻고 나 혼자서 길을 가네.
                                           —「내 사랑의 귀로」전문

    F
    깊은 밤 적막 속에 잦아드는 고즈넉함
    고요가 불러주는 애잔한 여름밤이
    내 생애 반짝 빛나던 황금 요람이었다네.

    고요가 깊을수록 시리도록 아픈 것은

이토록 사무친 밤 잊을 수가 없는 것은

걸어온 뒤안길로는 다시 갈 수 없음이야.

—「불여귀(不如歸)의 노래」 전문

  사랑은 묘약이다. 사랑이란 약을 먹으면 누구든지 근심이 사라지고 예뻐진다고 한다. 그런데, 그 사랑이 밋밋하고 영원하다면 아마도 그 사랑의 가치는 그만큼 반감될 것이다. '고진감래(苦盡甘來)'란 말과 같이, 무슨 일이든지 고난의 과정을 겪은 이후에라야 더욱 그 결과가 달콤한 법, 사랑에도 석별의 아픔을 동반한 사랑이라야 더욱 아쉬움이 극대화되기에 오히려 고귀할 수가 있으리라. 선아 시인의 작품 속에는 이러한 만남과 사랑, 그리고 이별의 슬픔을 고루 체험한 작가의 성숙한 모습이 잘 드러나 있다.

  글 E에서는 꿈속에 떠오르는 그대를 떠올리면서, 애모의 정 아직도 벙벙한데, 자신을 버리고 떠난 님 찾아 홀로 불나비 되어 떠돌고 있는, 빛바랜 자아의 모습을 안타까워하는 사랑 심리가 잘 드러나 있다.

  글 F에서 '불여귀(不如歸)'는 자규(子規), 귀촉도(歸蜀道) 두견새, 접동새, 소쩍새 등으로 불리는데, '본향으로 다시 돌아갈 수 없는 안타까운 현실'을 상징적으로 비유한 말이다. 고요가 불러주는 애잔한 여름밤이 생애에 가장 빛나던 황금 요람시기였는데, 고요가 깊을수록 더욱 가슴 시리고 아팠으며, 걸어온 뒤안길로는 다시 돌아갈 수 없는 현실적 슬픔을 그려내고 있다. 제목의 상징성이 잘 드러난 연가시조이다.

G

청계천 거닐면서 꽃 추억을 쌓았는데
그 사람 떠나가니 슬픔만 남았구나
이제는 아픈 상처가 발길마다 따라오네.

잉어와 피라미가 춤을 추던 그날 그때
우수가 다가오니 새봄 소리 들리는데
세월은 무심하게도 상춘객만 불러대네.
　　　　　　　　　　　　　—「그 사람 떠났지만」 전문

H

헤어지지 않고서는 / 우리는 못 만나고
진실로 안 죽으면 / 다시 살 수 없었다네
인생이 정말 그렇다 / 축복 또한 그렇다.
　　　　　　　　　　　　　—「이별의 섭리」 전문

　선아 시인에게 있어 '사랑'이란 과연 어떤 화두였을까? 작품 전체를 관류하는 사랑의 실체를 따져 봤을 때, 그녀에게 있어 사랑은 '삶의 호흡이며 생명수'였다. '사랑 없인 못살아', '사랑밖엔 난 몰라'라고 하는 말이 잘 어울릴 것 같았다. 그녀는 「진실한 사랑 앞에」라는 글에서 "사랑의 진실 앞에 내 인생을 걸어놓고, 내 설 자리 다져놓고 그대 사랑 아끼면서, 사랑탑 높은 곳 향해 오늘 하루 달리련다"라고 읊조리고 있다. 상당히 솔직하고 담대하기까지 한 자기 고백이며 순수하고도 진솔한 삶의 외침이다.

사랑은 이별의 상처를 체험했을 때 더욱 큰 그리움이 터져 나온다. 윗글 G에는 떠나버린 님에 대한 그리움과 고독한 자아 현실의 심리가 잘 드러나 있다. 꽃 추억을 쌓던 청계천 그 옛길을 찾으니 더욱 복받쳐오는 그리움, 세월은 무심하게도 상춘객만 불러대고 사랑 잃은 자신에겐 하등에 무관심하니 서럽기 짝이 없이 없는 것이다.

　그러나, 온갖 사회체험과 사랑체험을 한 선아 시인에게는 사랑의 눈물쯤이야 쓴 웃음으로라도 슬며시 덮을 줄 아는 담대함과 면역력이 있었으리라. 이러한 그녀의 자기 성찰과 마음 다스림의 철학은 여러 편의 작품들 속에서 발견해 낼 수가 있다.

　글 H에는 이러한 작가의 인생관이 잘 드러나 있다. 이 글은 역설이지만 진실이 들어가 있는 철학이다. 어찌 이런 훌륭한 글을 뽑아낼 수가 있단 말인가! 헤어지지 않고는 못 만나고, 진실로 안 죽으면 다시 살 수 없다며 인생의 축복도 그렇단다. 이별을 만남으로, 절망을 소망으로 돌리는 긍정적인 안목이다. 마치 불경의 색즉시공(色卽是空) 공즉시색(空卽是色), 회자정리(會者定離) 거자필반(去者必返)의 철학을 함축해서 시화(詩化)한 듯하다. 선아 시인의 수준 높은 철학적 인생관과 긍정적 안목에 박수를 보낸다.

3. 멋과 낭만의 맵시녀다

　'낭만'의 뜻은 현실 세계를 초월한 이상적 환상적인 꿈이나 상황을 의미할 것이다. 이러한 멋과 낭만은 일상에서 벗어나 아름답고 감성적인 분위기를 추구하려는 마음에서부터 생겨난다. 선아 시인은 아무 때 어느 장소에서 보아도 항상 멋과 낭만이 넘쳐흐르는 맵시녀다. 어찌 그렇게 의상이며 미소 머금은 표정이 멋스러울 수가 있단 말인가? 그녀의 작품 속에 나타난 맵시녀다운 인간미를 살펴본다.

> 녹의홍상 걸쳐 입고 비취 옥잠 꽂고 나니
> 모본단 치맛자락 피어난 함박꽃엔
> 어디서 날아들었나 나비 떼가 모여드네.
>
> 분망한 발길 위엔 근심도 부서지고
> 양 떼 찾는 발걸음은 풍선처럼 가벼운데
> 내 직분 다할 때까지 천사처럼 살아가리.
>
> 배시시 피는 웃음 감추려 애를 써도
> 미소는 힘든 세상 부드럽게 다독이니
> 나는야 멋에 살리라 맵시 나는 옷 입고서.
> ―「맵시녀로 살아가기」 전문

고운 옷 걸쳐 입고 비취 옥비녀 꽂고 나니, 피어난 함박꽃엔 나비 떼가 모여든단다. '분망한 발길 위엔 근심도 부서지고 선한 일로 찾는 발걸음은 풍선처럼 가벼운데, 직분을 다할 때까지는 천사처럼 살아가리라' 한다. 그리고 '미소는 힘든 세상을 부드럽게 다독이는 것이니, 미소를 머금고 맵시 나는 옷 입고서 멋스럽게 살리아' 하며 노래하고 있다. 참으로 여성적인 낭만과 감성이 넘쳐흐르는 맵시녀의 멋진 삶의 태도이다. 그러기에 늘 선아 시인을 대하는 이들은 그녀 맵시의 황홀경에 취해 넋을 잃고 나비처럼 모여들기도 하리라.

나로 인하여 주변을 아름답게, 세상을 아름답게 이끌어가려는 작가로서의 삶의 태도가 반짝반짝 빛나는 인상 깊은 작품이다.

> 외씨버선 어여머리 금비녀 비취잠에
> 흥겨운 가락 따라 어깨춤도 으쓱으쓱
> 우아한 한삼 춤사위 고전 춤의 멋일레라.
>
> 넝마를 입었어도 기품이 돋아나는
> 그 미모 어디선가 본 듯해 생각하니
> 저기 저 거울 속 미인, 엄마 모습 내 모습.
>
> 울 엄니 고풍의상 거울 속에 돋보이니
> 옷맵시 탐내는 딸 질투심 절로 나도
> 엄마가 곧 나이기에 사랑으로 꼭 감쌌네.
> ―「경중미인도(鏡中美人圖)」 전문

선아 시인은 가히 팔방미인이라 할 수 있다. 문학에서도 시인, 수필가, 시조시인, 시낭송가 등 두루 섭렵하였으며, 사회복지 분야는 물론, 수렵, 장례지도, 요양보호사, 굴삭기, 로우더 지게차,

안전관리, 태권도와 검도, 상담심리사, 금연강사 등 자격증과 수료증이 무려 175 종에 이른다 하니, 그 인생 족적과 활동 범위가 상상을 초월한다. 특히 무형문화재 경기민요 이수자로서 고풍의상으로 공연무대에 오를 때에는 우아한 그 자태에 보는 이는 무아지경이다.

이 글 「경중미인도(鏡中美人圖)」도 선아 시인의 예술적 기품이 돋보이는 작품이다.

선아 시인의 어머니는 우아한 집안의 품격 높은 여인이었다. 고풍의상을 입을 어머니의 모습을 보면 딸이 샘을 낼 정도였다고 한다. 우아하고 흥겨운 가락과 고전 춤사위의 아름다운 멋, 그리고 고풍의상으로 거울 속에 돋보이는 어머니의 미인다운 모습을 보고, 그 아름다운 모습에 질투심이 났지만 엄마가 곧 자신이기에 사랑으로 꼭 끌어안았다는 딸의 애정 어린 순수 시심이 잘 드러나 있어 잔잔한 감동을 불러일으킨다.

이런 작품들을 볼 때, 선아 시인은 맵시녀로서의 여성다움과, 예술인으로서의 기품과 효심어린 인간미까지 느낄 수 있어 독자들에게 깊은 인상을 남겨 주고 있다.

4. 문학기행, 그 아름다운 추억의 파노라마

문인들은 여행을 좋아한다. 문인들의 여행 목적은 관광 목적인 일반인들과는 달라 역사 유적과 옛 선비들의 자취 밟아 보기, 자연 관찰 등 글감을 찾아나서는 탐색의 색깔이 짙다. 그러기에 문인들은 문학기행 시에 현지 백일장을 열기도 하고, 다녀온 후에

탐방 소감을 글로 창작해 내기도 한다.

　여행하기를 좋아하는 선아 시인은 많은 명소들을 탐방하고 좋은 시조들을 발표하였는데, 대표적인 작품만을 들어 살펴보기로 한다.

　　배달의 기백 서린 마니산에 올라 보니
　　나라의 강한 정기 참성단을 휘도는데
　　암운이 가득한 북녘 밝은 해는 그 언제나.

　　단군 시조 사모함은 우리 맘에 가득한데
　　산정의 기도소리 온 누리에 퍼져갈 때
　　저녁놀 한 아름 안고 자비 싣고 나아가네.

　　강산은 적막하고 금빛 노을 찬란한데
　　오갈 적 우러르며 국태민안 빌어보는
　　민족적 성지 엎드려 애국 의지 다진다네.
　　　　　　　　　　　　　　　ー「마니산에 올라 보니」 전문

　강화도에 있는 마니산(摩尼山)은 높이 470m 쯤 되는 우리 민족의 영산이다. 여기엔 우리 민족의 시조 단군이 하늘에 제사를 지냈다는 참성단이 있고, 개천절에 천제를 올리며, 전국 체전의 성화도 이곳에서 채화한다.

　선아 시인은 이곳에 올라 암운이 가득한 북녘 땅을 바라보며 밝은 날이 어서 오길 바라면서, 단군 시조를 사모하는 맘으로 국태민안(國泰民安)을 빌며 애국 의지를 다지고 있다. 이곳은 우리 민족의 태동(胎動) 원점이요, 기(氣)의 발원 성지이기 때문에 우리 백성이면 누구든지 한 번쯤 들러 기도하며 애국 의지를 다져야 할 것이다. 선아시인은 평소 사회복지에 앞장서고 중증장애인들을 인도하는 등 이웃 사랑의 열정이 남다르기에, 여행한 후의 이런 글을 통해서도 그녀의 애국심과 민족애가 매우 두드러지게 나타나 있다고 본다.

> 멋스러운 예쁜 고장 울산을 지켜주는
> 방어진 울기 등대 너무나도 믿음직해
> 명소가 따로 없다네. 대교조차 자원이네
>
> 백년 송 우거진 곳 푸르른 해안가에
> 대왕암 출렁다리 못 잊어서 돌아보며
> 꿈꾸는 예쁜 기억을 바닷가에 묻고 가네.
>
> ―「방어진 울기 등대」 전문

 울산의 울기등대는 1906년 일제가 동해와 대한해협의 해상을 장악하기 위해 세웠다 한다. 이곳의 대왕암 공원에 등대가 서 있으며, 등대와 바다를 대상으로 한 글감으로 글쓰기에 알맞은 명소이다.
 선아 시인은 이 등대를 울산을 지켜주는 믿음직한 지킴이로 보면서, 인근에 있는 우거진 백년 송과 해안가 대왕암 출렁다리를 못 잊어 하며 그 아름다운 광경을 바닷가에 묻고 왔다며 아쉬워하고 있다. 문인은 카메라 사진 영상이 아닌 감성의 글로써 여행의 기록을 남긴다. '문화(文化)'라고 하는 말은 그 자체가 '문자화' 시킨다는 뜻인데, 인상 깊은 광경을 '글로써 문자화 시킨다'는 것은 바로 문화의 초석을 다지는 일이기에, 이러한 기행의 문자화는 사진보다 더 의미가 깊다고 본다.

> 오이도 갈매기가 오늘따라 그립구나
> 썰물 때 모여드는 하늘 백조 벗을 삼아
> 그대와 속삭이던 곳 빨간 등대 그립네.
>
> 파도가 춤을 추고 해조음이 날 부르네
> 오이도 해변길엔 그대 미소 가득하니
> 오늘도 갯바람 따라 그 바닷길 달려간다.
>
> ―「오이도 그 바닷길」 전문

이 글은 경기도 오이도를 여행하고 쓴 글이다. 글의 내용으로 보아 아마도 다정한 연인과 함께 다녀온 뒤에 그 아름다운 추억을 쓴 것으로 보인다. 그 때의 그 갈매기가 그립고 님과 속삭이던 그 해안가의 빨간 등대가 그립단다. 파도가 춤을 추고 해조음이 날 부르는 듯 해변 길엔 님의 미소 가득하니, 오늘도 그 갯바람 따라 그 바닷길로 달려간단다.

여행은 현지의 경치도 물론 한 몫을 하겠지만, 누구와 함께 가느냐가 더 중요하다. 연인과 함께 거닐던, 갈매기 끼룩대는 그 해변 길과 빨간 등대, 시인은 그날 그때의 아름다운 한 때를 그리워하며 진솔한 감성으로 그리움의 정서를 잘 그려내고 있다.

여행 다녀온 기록을 사실 탐방으로만 끝나지 않고, 자신의 사랑 감성을 곁들여 쓴 인상 깊은 시조이다.

5. 도타운 인정, 그 시인다운 인간미

선아 시인은 '사랑의 시인'이다. 인정과 사랑은 그녀 인품의 상징이다. 예기(禮記)에, '온유돈후 시교야(溫柔敦厚詩敎也)' 즉, '온유하고 도타운 것이 시에서 가르치는 바'라고 하였는데, 선아 시인이 바로 이런 성정을 지니고 있다. 사회복지에 헌신하고 중증장애인과 같은 이웃을 돌보고, 문단의 봉사에도 앞장서고, 가까이로는 연인에 대한 사랑 감성이 충만해 있고, 부모님에 대한 효심도 매우 강하다. 이런 특징들에 대한 선아 시인의 시심은 모든 작품들에 고루고루 반영 되어 있으며 그 도타운 인간미가 독자들의 관심과 공감을 사고 있다.

> A
> 비취색 비녀 꽂고 녹의홍상(綠衣紅裳) 차려입고
> 꽃향기 아리아리 코끝을 문지르며
> 곱다고 어루만지던 울 엄마는 어디 갔나.

연한 순 꺾어 주던 양지 짝 추억이여
꽃잎은 바람결에 지는 듯 날리더니
엄니도 나비 따라서 하늘나라 오르셨네.

계절이 뿜어놓은 아지랑이 아롱아롱
화사한 봄날 속에 가슴 시린 막내딸은
찔레꽃 한 아름 따다 그 향기를 띄웁니다.

―「찔레꽃은 울 엄마 꽃」 전문

B
소나기 쏟아지니 청개구리 슬피 운다
모래 속 묻어놓은 엄마가 걱정되어
비 오는 개울 독에서 목을 놓아 울고 있다.

―「불효녀」 전문

  선아 시인의 부모님에 대한 효심은 매우 남다르다. 특히 예술가적 재능과 맵시가 뛰어났던 어머니에 대한 공경심과 그리움은 그녀 작품의 곳곳에 드러나 있다.

  글 A는 작고하신 어머니에 대한 간절한 그리움을 그려낸 작품이다. '비취색 비녀', '녹의홍상', '꽃향기' 등은 어머니가 남기신 잔상 이미지이다. 어머니가 연한 순을 꺾어주던 양지 쪽 찔레꽃의 추억, 세월이 지난 뒤에 그 추억을 떠올리며 막내딸은 찔레꽃 한 아름 따다 그 향기를 띄우며 어머니를 그리워하고 있다. 매우 순수하고도 청순한 인상을 풍기는 시혼 표출의 모습이 퍽 인상적이다.

글 B는 어머니에게 효도를 다하지 못한 불효녀의 마음을 청개구리에 비유하면서 단시조의 형식을 통해 압축적으로 잘 표현한 작품이다. 시경(詩經) 한시외전(韓詩外傳)에 '자욕양이친부대(子欲養而親不待)'라고 하여 자식이 봉양하고 싶어도 부모님은 기다려 주시지 않으시니, 이 어찌 천붕지통(天崩之痛)이 아니겠는가? 선아 시인은 자신의 어머니를 롤 모델로, 삶의 표본으로 삼아 왔다. 그녀는 「어머니처럼」이라는 글을 통해서도 '내 인생에 길잡이가 되는 줄을 뒤늦게야 알았다'라고 하면서, '오늘도 올곧은 마음 그 길로만 가련다' 하며, 어머니의 그 길로 살아가기를 다짐하고 있어 효심이 극진한 효녀로서의 면모가 독자들의 무딘 가슴에 잔잔한 감동을 울려 주고 있다.

C
질곡의 아픈 삶을 막걸리 한잔으로
씻으려 애를 써도 상처가 너무 아파
티끌 진 세상만사가 모두 모두 덧없어라.

아픔을 달래지만 치유는 잠깐일 뿐
한잔 한잔 마셔보니 취기가 아롱아롱
인생은 생각하기 나름 내 갈 길을 달래보네.
　　　　　　　　　　　ㅡ「석 잔 술 마셔보니」 전문

D

 승은(承恩)을 입기 위해 내 던진 몸과 마음
한 손에 음식 들고 한 손엔 영광
두 가지 행복에 묻혀 날 새는 줄 몰랐다네.

내 사랑 님의 정도 변하는 게 세상 이치
끝없는 욕망 속에 피비린내 드리우니
세자도 화관조차도 발길 아래 짓밟혔네.

역관의 딸로 나서 희빈 거쳐 중전마마
임금을 등에 업고 보낸 시절 화려해도
엊그제 꽃잎이 바람 타니 초개 같네.

—「장희빈 사랑은 늘 모자라」 전문

 시인은 선비답고 군자답고 시인다워야 한다. '군자불기(君子不器)'라고 하였는데, 너무 한 곳에만 집착하거나 편협되지 말아야 한다. 그러기에 때론 가슴을 터 넣고 막걸리 한잔 기울일 수 있는 소통의 대도를 걸어야 할 것이다. 세상살이가 어찌 마음먹은 대로만 순탄할 수가 있단 말인가? 느닷없이 다가오는 암울한 먹구름, 글 C에서처럼 선아 시인은 때론 그 질곡의 아픔을 푸근한 인간의 정이 얽힌 막걸리 몇 잔으로 달래며 이겨나가고 있다.
 글 D는 조선 숙종 때의 장희빈을 인간적인 연민의 정으로 그려낸 글이다. 장희빈은 늘 사랑이 모자라 사랑에 대한 요구충족이 덜 되었기에, 초개 같은 비참한 최후를 맞이하게 되었다는 연민의 글이다. 늘 사랑이 모자랐기에 영화 속에서도 욕됨의 나날로 점철되었던 그녀의 짧은 생애, 역관의 딸로 태어나 끝없는 욕망 속에 피비린내 나는 현실을 맞이하게 되었으며 아들(경종)의 화관조차도 짓밟혔던 불행한 삶, 그녀의 바람 같은 인생과 초개같이 끝난 비참한 일생이 작가의 연민의 정으로 잘 드러난 인상 깊은 작품이다.

6. 어둠의 긴 터널을 지나 새 소망의 빛을 찾다

선아 시인의 작품 세계를 골고루 훑어보니 시인의 파란만장한 굴곡 많은 인생 역정이 눈앞에 선명히 서려온다. 인생 후반에 들어 머뭇거리고 있는 그녀에게 있어 어쩜 인생이란 사랑도 인정도 헌신도 숱한 이력도 다 부질 없는 것인지도 모른다. 무엇 하나 뚜렷하게 가슴 속에 여의주처럼 파고 들어오는 것이 없기 때문이리라. 이러한 심경은 인생 만년에 누구든지 흔히 겪는 일이지만, 온갖 자기 수련과 사회 체험을 많이 겪어 온 선아 시인에게는 특별히 절감되었으리라.

그러나, 그녀의 결기는 단련된 정금 같아서 매우 맑고 밝다. 그녀의 작품 세계 속에는 어둠의 터널을 뚫고 스스로 새로운 소망의 빛을 찾아 나아가려는 꿈틀거리는 해탈의 모습이 곳곳에 불빛처럼 비추이고 있다. 절망의 터널을 지나 소망의 불빛을 찾아가는 그녀의 시상을 추적해 본다.

A

추녀 끝 달린 풍경 솔바람 불지 않아
답답하고 심심한지 꼼짝달싹 제자리에
만산에 화려한 꽃도 턱 고인 채 졸고 있네.

시원한 바람 불면 노래하라 일러 주며
다짐과 달램으로 내려오다 돌아보니
봄날도 임 떠난 뜰도 적막 속에 내려앉네.

—「돌지 않는 풍경」 전문

B

깊은 밤 달님 혼자 외로운 산책길에
잠 못 들어 뒤척이는 찔레꽃과 눈 맞아서
새하얀 달빛 걸으며 담백한 시 읊조리네.

기쁨은 생각사록 즐거움 더하지만
고독은 느낄수록 더욱더 깊어 가니
깊은 밤 나 홀로 걷네. 달도 꽃도 잠든 길을.

—「어둠 속에 산책」 전문

윗글 A와 B는 어둠 속 터널을 지나가고 있는 시인의 모습을 잘 그려내고 있다. 글 A에서 제목 '돌지 않는 풍경'은 모든 것이 적막

하고 정체된 모습을 상징해 준다. 답답하고 심심하고 만산에 화려한 꽃도 졸고 있고, 봄날도 님도 다 떠나버린 암울한 현실 속엔 적막감만 감돌고 있다.

글 B에서는 화자가 깊은 밤 찔레꽃과 눈 맞은 '외로운 달'에 투사(投射)되고 있다. 화자는 '어둠 속을 산책하는 고독한 자아'이며, 추억을 떠올리면 기쁨은 생각할수록 더하지만 고독은 느낄수록 더 깊어간다 하니, 모든 것이 잠든 밤 홀로 외로움 속에서 방황하고 있던 화자의 모습이 선명히 눈앞에 아른거린다.

C
우아한 붉은 입술 샛노란 꽃술들은
나만이 간직해 온 꽃송이라 아름다워
다소곳 숙인 아미엔 수줍음도 한아름을.

붉은 맘 푸른 정기 어느덧 세월 가니
기러기 울음소리 동구 밖 들쑤실 때
꽃보다 더 짙은 단풍 외로움을 덧씌우네.
　　　　　　　　　　　　　　-「내 안에 드는 단풍」 전문

D
터질 듯 부푼 가슴 그리움을 가득 담아
날 듯이 뛰어올라 하늘 위를 돌고 돌다
넌지시 웃음 머금고 임을 찾아 다가오네.

팔자도 기박해라 옥탑에 갇힌 신세
사랑은 덩굴 되어 수없이 솟구치니
그 정성 전설이 되어 아름다운 꽃이 됐네.

마음이 흩어질까 흰 테 두른 꽃송이엔
화사한 함박웃음 아침 이슬 그렁그렁
나팔꽃 아침의 영광 찰나 속에 반짝이네.
　　　　　　　　　　　　　　－「아침의 영광」 전문

　필자는 늘 "죽어 있는 글이 아닌 생명력 있는 글을 써야 한다"며 강조하고 있다. 공자께서 '불어괴력난신(不語怪力亂神)'이라 하여 괴이하거나 귀신스러운 어지러운 글을 금하라고 하셨다. 말이 씨가 되는 것이기에 언어의 건전성을 강조한 것이다. 그러기에 필자도 늘 생명력 있는 글, 의미 있는 글을 강조하고 있는 것이다. 선아 시인은 「해돋이」라는 글에서 해돋이는 '나의 생명 요람이다'라며, '황금빛 사연을 그리며 해돋이로 살련다'라고 하여, 맑고 밝은 미래지향적 의지를 내보이고 있다.

　윗글 C에도 어둠 속을 지나온 선아 시인의 밝고도 맑은 순명(順命)과 긍정적 인생관이 드러나 있다. '우아한 붉은 입술 샛노란 꽃술들은 나만이 간직해 온 꽃송이'라 아름답단다. 그리고 다소곳 숙인 아미엔 수줍음도 한 아름인데, 붉은 맘 푸른 정기도 어느덧 세월 가니 '꽃보다 더 짙은 단풍'이 외로움을 더해 준다. 여기서

주목할 부분은 '꽃보다 더 짙은 단풍'이다. '꽃'은 화려한 청춘 시절, '단풍'은 '곱게 물든 노을빛 만년 인생'을 뜻하리라. 고난을 겪어온 인생 역정을 '꽃보다 아름다운 단풍'으로 인식하는 화자의 긍정적 인생관이 돋보이는 글이다.

글 D에서도 선아 시인의 미래지향적 의지가 돋보이고 있다. 그리움을 가득 담은 부푼 가슴으로 하늘을 돌고 돌다 님을 찾고 행복을 찾아보았지만, 세월이 그렇게 쉽사리 허락하지 않는다. 팔자도 기박한 자아는 옥탑에 갇힘 신세이지만, 그러나 사랑의 덩굴 힘으로 그 정성이 전설되어 아름다운 꽃이 됐다고 하며 자위한다. 그리고 그 꽃송이는 아침 이슬과 함께 그렁그렁 함박웃음 피어나고, 새 날을 여는 나팔꽃의 영광으로 찰나 속에 반짝인다 하니, 그녀의 맑고 밝은 긍정적인 인생관이 햇살 아래 영롱히 빛난다.

지금까지 선아 김남혜 시인의 작품세계를 큰 주제별로 살펴보았다.

김남혜 시인은 다재다능하며 감수성과 상상력이 풍부한 이 시대의 모범 여류 작가이다. 그녀는 사랑 시인으로서 풍파 많은 현실 속에서 모진 설한풍을 사랑으로 이겨내고, 곱게 피어난 백합화처럼 우아하고 품격 높은 시인이다. 그녀의 맑고 밝은 시혼과 필력이 이번에는 '시조'라는 전통 그릇을 통해서 순수 서정의 미학으로 반짝반짝 빛나고 있다.

평생을 사회 복지와 이웃사랑에 헌신하면서도 만학도의 열정으로 주옥과 같이 놀랄 만한 시편들을 쏟아내는 김남혜 시인께 경의를 표하며, 이 한 권의 시조집이 많은 독자들의 심금을 울려서 메마른 가슴을 촉촉이 적셔주는 인생의 좋은 지침서가 되길 바란다.

―2024년 6월, 三益齋에서 효봉 撰

김남혜 시조집_ 경중미인도

초판 인쇄 | 2025년 11월 5일
초판 발행 | 2025년 11월 10일

지 은 이 | 김남혜
발 행 인 | 김호운
주　　 간 | 김민정

펴낸곳 | (사)한국문인협회 月刊文學 출판부
주소 | 서울시 양천구 목동서로 225 대한민국예술인센터 1017호
전화 | 02-744-8046~7
팩스 | 02-743-5174
이메일 | klwa95@hanmail.net
등록 | 2011년 3월 11일 제2011-000081호
ISBN 978-89-6138-567-1 03810

값 12,000원

저자와 협의해 인지를 생략합니다.
잘못 만들어진 책은 바꾸어 드립니다.